SPANISH LITE SERIES

Volume 1

SELECTED READINGS IN EASY SPANISH

Selected, translated and edited by:

Álvaro Parra Pinto

Ediciones De La Parra

EDICIONES DE LA PARRA

Caracas, Venezuela 2012

ISBN-13: 978-1484900819
ISBN-10: 1484900812

Amazon Author page:
http://amazon.com/author/alvaroparrapinto

SPANISH LITE SERIES

Selected Readings In Easy Spanish Vol. 4
Intermediate Level

This volume was written in simple, easy Spanish for intermediate language students. Fun and easy to read, it includes a selection of brief pages from the following best-sellers:

*THE WISE KING by Khalil Gibran
Page 1
*AFTER TWENTY YEARS by O Henry
Page 5
*ROBINSON CRUSOE by Daniel Defoe
Page 15
*PRIDE AND PREJUDICE by Jane Austen
Page 29
*THE BRONZE STATUE by J. V. Camacho
Page 39
*THE ART OF WAR by Sun Tzu
Page 47

All texts were translated, edited and simplified to increase language comprehension and improve reading practice with simple wording, short sentences, and moderate, intermediate-level vocabulary.

1-EL REY SABIO

Khalil Gibran (1883.1931)

HACE MUCHOS AÑOS vivía un rey poderoso y sabio en la distante ciudad de Wirani. Todos temían su poder y amaban su sabiduría.

En el centro de la ciudad había un pozo de agua fresca y pura, del que todos bebían, incluyendo el rey y su corte, porque era el único pozo de agua en todo el lugar.

Una noche, mientras todos dormían, una bruja llegó a la ciudad y derramó en el pozo siete gotas de un líquido misterioso mientras exclamó:

-¡Desde hoy, todo el que beba de esta agua se volverá loco!

La siguiente mañana todos bebieron del agua del pozo y enloquecieron, tal como predijo la bruja.

Todos bebieron, excepto el rey y su chambelán.

Durante todo el día, los súbditos se reunieron en las calles y en el mercado, diciéndose entre ellos:

-¡Su Majestad se volvió loco! ¡Perdió la cabeza! ¡Y también su chambelán! ¡Ya no puede gobernarnos! ¡Destronemos al rey loco!

Esa noche, mientras que todos se preparaban para derrocar al rey, durante la cena el rey llenó su copa de oro con agua del pozo y, después de beber un poco, se la ofreció a su chambelán, quien también bebió de ella.

Y a partir de ese momento la distante ciudad de Wirani se llenó de alegría, ¡porque el rey sabio y su chambelán habían recobrado la razón!

2-DESPUÉS DE VEINTE AÑOS

O Henry (1862-1910)

COMO TODAS LAS NOCHES, el policía hacía su ronda a lo largo de la avenida. Faltaba poco para las 10 de la noche.

Había mucho viento y parecía que iba a llover. Por eso, a pesar de que no era muy tarde, había pocos peatones en las calles neoyorkinas.

Al hacer su recorrido, como siempre, el agente de la ley probaba diferentes puertas y se aseguraba que estuvieran bien cerradas.

Mientras hacía esto, giraba su porra con una mano y con mucha habilidad. De vez en cuando, se detenía y miraba a su alrededor con cautela.

Todo parecía estar en orden.

Aquí y allá se veían las luces encendidas de un bar o una tienda de cigarros, pero la mayoría de los comercios llevaban varias horas cerrados.

El policía continuó su marcha y, media cuadra después, vio un hombre apoyado contra la pared, en el portal de una ferretería oscura, con un cigarro sin encender en la boca. Al acercarse a él, el hombre le dijo apresuradamente y con un tono tranquilizador:

-No hay problema, señor agente. Espero a un amigo, sólo eso. Es una cita que arreglamos hace 20 años. Sé que le parecerá extraño, ¿no? Pero si quiere se lo explico para que vea que no hay nada malo. Hace dos décadas en este lugar había un popular restaurante: el Big Joe Brady.

-Sí, lo sé, fue derribado hace cinco años –asintió el oficial.

El hombre bajó la mirada, encendió un fósforo y lo acercó a su cigarro para encenderlo.

El fuego iluminó su pálido rostro por unos instantes. Tenía una mandíbula cuadrada y sus ojos eran tenaces. Una pequeña cicatriz blanca cruzaba su ceja derecha. Vestía un fino traje y su alfiler de corbata llevaba un diamante incrustado, el cual brilló brevemente ante bajo la luz del fuego.

-Hoy se cumplen exactamente 20 años desde la última vez que cené aquí con mi mejor amigo en el Big Joe Brady. Quizás lo conoce, se llama Jimmy Wells y es el mejor amigo del mundo. Los dos crecimos aquí, en estas calles de Nueva York. Éramos como hermanos aunque él era un poco mayor, tenía 20 años, y yo sólo tenía 18. Esa noche le dije que había decidido irme al Oeste a probar fortuna y que partiría el día siguiente. Por supuesto, Jimmy se negó a acompañarme. No quiso dejar Nueva York. Siempre decía que éste es el mejor lugar del mundo. Pero como yo ya lo había decidido, aquella noche hicimos un trato. Decidimos vernos aquí, sin importar lo que pasara, exactamente 20 años después. Exactamente en la misma fecha y a la misma hora. Y por eso estoy aquí, señor agente. Llegué temprano. Pero en unos minutos será la hora y me iré con mi amigo.

-Qué interesante —comentó el agente mirando a su alrededor-. Pero 20 años es mucho tiempo. ¿Ha sabido algo de su amigo desde que usted se marchó?

-Nos escribimos durante un tiempo. Pero después de un año perdimos el contacto. Ya sabe, el Oeste es muy grande y yo siempre me mudaba de un lugar a otro. Estoy seguro de que Jimmy vendrá. Él siempre fue muy puntual. Y a menos que haya muerto, no creo que se le haya olvidado nuestra cita. Yo acabo de viajar mil quinientos kilómetros sólo para vernos... ¡y algo me dice que valdrá la pena!

El hombre sacó un hermoso reloj de bolsillo, con diamantes incrustados en su cubierta, y lo miró:

-Ya sólo faltan tres minutos. Esa noche, hace 20 años, cuando nos finalmente nos separamos, estábamos parados justo en este lugar. Eran las 10 en punto.

-Por lo visto a usted le fue muy bien en el Oeste, ¿no es así? –le preguntó el agente.

-¡Ni lo dude! Sólo espero que Jimmy haya corrido con la ´misma suerte. Él era muy trabajador, sí señor, y también una excelente buena persona... aunque nunca fue muy inteligente. He tenido que tratar con personas mil veces peores para llegar a ser lo que soy. Si me hubiera quedado aquí, en Nueva York, jamás lo hubiera logrado. Tuve que irme al Oeste para triunfar en la vida.

El policía miró a su alrededor. No había nadie a la vista. Balanceó su porra entre sus dedos y dijo:

-Ahora debo continuar mi ronda. Espero que su viaje haya valido la pena. Dígame una cosa: si su amigo no es puntual, ¿piensa usted esperarlo un poco más?

-¡Por supuesto, señor agente! Al menos media hora. Si Jimmy está vivo, seguramente vendrá. Que tenga buenas noches, agente.

-Buenas noches, señor —dijo el policía antes de continuar con su ronda, probando los picaportes de las puertas al pasar.

Pasaron los minutos y Jimmy aún no llegaba.

Comenzó a caer una llovizna y el viento se hizo más fuerte.

Varios peatones pasaron frente a la ferretería, donde continuaba esperando el hombre que viajó mil quinientos kilómetros para cumplir con su cita. Esperaba en silencio, fumando su cigarro pacientemente.

Transcurrieron 20 minutos.

En ese momento, un hombre alto cruzó la avenida. Llevaba un largo sobretodo, con el cuello subido hasta las orejas. Caminó de prisa hacia hombre que esperaba.

-¿Bob, eres tú? –dijo al acercarse.

-¿Jimmy Wells?

-¡Por Dios! -exclamó el recién llegado, abrazándolo brevemente-. ¡Bob, querido amigo! ¡Qué bueno que viniste! Si no hubieran derribado el viejo restaurante, hubiéramos cenado aquí. ¿Cómo te fue en el Oeste?

-¡No me pudo ir mejor! Pero dime, Jimmy, ¿cómo hiciste para crecer tanto? ¡Nunca pensé que llegarías a ser tan alto!

-Sólo crecí un poco, Bob. Pero tú también has cambiado mucho…

-Tienes razón, Jimmy. ¿Y cómo te ha ido aquí en Nueva York?

-Bien, Bob. Trabajo para la Municipalidad. Pero vamos, busquemos un lugar donde cenar y hablar sobre los viejos tiempos.

Mientras caminaban, Bob le habló sobre su vida en el Oeste y el otro, tomándolo por un brazo, le escuchaba atentamente.

Cuando llegaron a la esquina, ambos se detuvieron bajo las luces de una farmacia y se miraron bien.

Entonces, el hombre del Oeste apartó su brazo bruscamente.

-¡Tú no eres Jimmy Wells! –exclamó molesto-. Veinte años en mucho tiempo, pero no tanto como para cambiar tu nariz...

-A veces es suficiente para cambiar a un hombre honrado en un criminal —respondió el otro sacando una pistola-. Estás arrestado, Bob, alias "Sedoso". A los muchachos de Chicago se les ocurrió que podías andar en la ciudad. Nos enviaron un cable con tu descripción. Pero no te preocupes, tengo una nota que lo explica todo. Es para ti. Puedes leerla aquí o en la comisaría, tú decides. Es del agente Wells.

El hombre del Oeste tomó el papel y lo leyó. Al terminar, sus manos le temblaban.

La nota era muy breve:

Bob:

Llegué a nuestra cita puntualmente. Pero cuando encendiste el fósforo y vi tu rostro, supe que eras el hombre que busca la policía de Chicago. Yo no pude hacerlo personalmente. Por eso busqué un agente vestido de civil y le pedí que se hiciera cargo.

Jimmy

3-ROBINSON CRUSOE

Daniel Defoe (1660-1731)

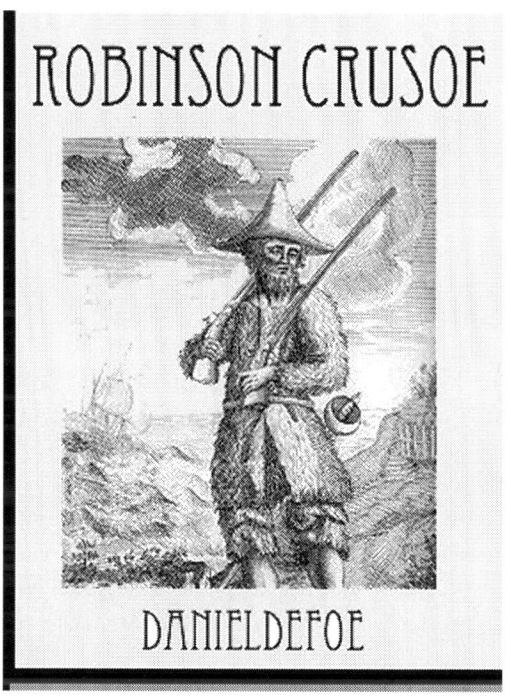

NACÍ EN 1632, en el seno de una honorable familia de la ciudad de York.

Mi padre era de Alemania y vino a Gran Bretaña cuando él era joven. Primero vivió algunos años en el puerto pesquero de Hull, donde amasó una considerable fortuna, y después se mudó a York.

En York mi padre conoció a mi madre, quien pertenecía a la familia Robinson, una de las más respetables del condado. Por eso mi primer nombre es Robinson. Y aunque originalmente llevé el apellido de mi padre, Kreutznaer, como era tan difícil de pronunciar, la gente prefería llamarme Robinson Crusoe.

Tuve dos hermanos. El mayor fue coronel de un regimiento de infantería inglesa y murió en un campo de batalla francés.

Nunca supimos cuál fue el destino de mi otro hermano. Igualmente, mis padres nunca supieron lo que fue mí.

Mi padre se aseguró de darme una buena educación, tanto en casa como en varias escuelas rurales. Él siempre quiso que yo estudiara Leyes, pero desde muy joven ¡yo sólo soñaba con la vida en el mar!

Mis padres y mis amigos me rogaron muchas veces que olvidara mis sueños. Pero yo no dejaba de pensar en recorrer los mares y vivir aventuras en tierras lejanas. Esperaba que la vida en el mar algún día me daría mucha felicidad y fortuna.

¡Yo ignoraba que aquellos sueños me llevarían a la ruina, hundiendo mi vida de un mar de miseria y sufrimiento!

Eran tan grandes mis deseos de hacerme un hombre de mar y recorrer el mundo, que a los dieciocho años escapé de casa y me embarqué con un amigo en el barco de su padre.

Lo recuerdo claramente. Era el primero de septiembre de 1651.

MI VIDA EN EL MAR

Durante los siguientes años me hice marinero y realicé numerosos viajes a tierras lejanas, especialmente a Guinea, en la costa de África, y a Brasil, en América del Sur. Enfrenté muchas tempestades en el mar y numerosas enfermedades corporales, ¡y una vez hasta fui raptado por unos corsarios!

Exactamente ocho años después de iniciar mi primer viaje, el primero de septiembre de 1659, abordé un navío en Brasil, con destino las costas africanas sin saber que aquel viaje me causaría una enorme desgracia, cambiando mi vida para siempre...

Zarpamos hacia el Norte y, después de bordear la costa de Brasil hasta llegar al cabo de San Agustín, navegamos mar adentro rumbo al Este. Tardamos casi doce días en cruzar la línea del ecuador y, según nuestros cálculos, navegábamos a siete grados veintidós minutos de latitud norte, cuando fuimos sorprendidos por una violenta tormenta...

El viento era tan fuerte que pronto perdimos el rumbo. Durante doce días navegamos a la deriva, sin saber a dónde nos llevaría el destino y la furia del viento. Nunca pensé salir con vida de esa horrible tormenta. Pero sólo era el comienzo de la larga y dolorosa tragedia que me esperaba...

Varios marineros enfermaron, otros cayeron por la borda. Doce días después, la tormenta se calmó un poco y el capitán intentó fijar la posición del barco. Concluyó que nos encontrábamos relativamente cerca de la costa de Guyana, aunque no estaba seguro. Como el barco había sufrido muchos daños y le estaba entrando agua, decidió regresar a Brasil. Pero yo no estaba de acuerdo con él.

Yo le dije que era mejor seguir navegando hacia el Norte, hasta llegar a las islas del Caribe o Antillas, donde conseguiríamos ayuda. El capitán aceptó mi idea y decidimos seguir navegando hasta llegar a la isla caribeña de Barbados. Según nuestros cálculos, llegaríamos en quince días.

Pero el destino tenía otros planes...

Una segunda tormenta casi hunde el barco y nos llevó hacia el oeste, alejándonos de nuestra ruta y poniendo en peligro nuestras vidas...

El viento todavía soplaba con fuerza cuando uno de nuestros hombres gritó «¡Tierra!». Pero, justo en ese momento, el barco encalló en un banco de arena y pensamos que moriríamos en aquel instante.

Lo único que podíamos hacer era tratar de salvar nuestras vidas a toda costa. Teníamos dos botes salvavidas, pero uno de ellos se había soltado y había sido arrastrado por el mar. En medio de una terrible angustia, el capitán ordenó bajar el otro bote y los once que habíamos sobrevivido nos metimos dentro y, después de soltarlo, nos encomendamos a la misericordia de Dios y de aquel tempestuoso mar.

Intentamos remar hacia tierra, pero todo fue inútil. Una gigantesca ola, del tamaño de una montaña, nos golpeó con tanta furia, que volcó el bote antes de que pudiéramos decir: «¡Dios mío!».

No puedo describir la confusión que sentí mientras me hundía. Aunque yo siempre he sido un excelente nadador, no pude luchar contra la terrible corriente del furioso mar que me devoraba.

Sumergido en las feroces aguas, ya no pude respirar… Estuve a punto de reventar por falta de aire y supongo que en ese momento perdí el conocimiento, porque ya no recuerdo nada más…

LA ISLA DESIERTA

Desperté a mitad de la tarde. Yo estaba tendido en la arena, a orillas de la playa y completamente solo. Evidentemente, las olas del mar me habían arrastrado a la costa, dejándome golpeado y medio muerto sobre la caliente arena… ¡Estaba a salvo! Elevé los ojos al cielo y le di las gracias a Dios por haberme salvado la vida. No puedo describir la felicidad que en ese momento yo sentí.

Caminé por la playa durante varias horas, buscando a mis compañeros, pero no encontré a ninguno. Pronto comprendí que yo estaba completamente sólo en aquella playa y que mis compañeros evidentemente se habían ahogado durante la tormenta. Nunca más volví a verlos ni hallé rastro de ellos, excepto tres de sus sombreros, una gorra y dos zapatos de pares diferentes.

Recorrí el mar con la mirada y por primera vez vi nuestro barco. Mejor dicho, vi lo que quedaba de él. Estaba destruido, convertido en un naufragio, a una significativa distancia de la costa. Al ver que estaba tan lejos exclamé: « ¡Dios mío! ¿Cómo pude llegar a la orilla?»

Estaba completamente solo en ese lugar desconocido y no sabía qué hacer. Estaba cansado, golpeado, hambriento y empapado de agua, sin otras ropas ni nada que comer ni beber. Mis únicas provisiones eran un pequeño cuchillo, una pipa y un poco de tabaco en una caja. Sin armas efectivas para cazar ni defenderme, existía el riesgo de morir de hambre, ser devorado por bestias o atacado por nativos salvajes. Entonces comprendí que mi salvación significaba mi propia desgracia. Y en ese momento, la enorme felicidad que hasta ese momento sentía, quedó convertida en una profunda y dolorosa tristeza…

Con un inmenso dolor en el corazón, recorrí el lugar en busca de agua fresca y por suerte no tardé mucho en conseguir un arroyo que corría cerca. Bebí hasta la saciedad y me eché un poco de tabaco en la boca para quitarme el hambre antes de buscar dónde pasar la noche.

A falta de un mejor lugar, pasé la noche entre las ramas de un alto árbol, llevando un palo en la mano para defenderme. Cuando desperté ya era pleno día y el viento se había calmado. Cuando miré hacia el mar, vi que el barco había desencallado y sido arrastrados hasta unas rocas, a menos de una milla de distancia. Inmediatamente caminé hasta él, recorriendo la costa, con la esperanza de conseguir alimentos, armas o cualquier objeto que pudieran servirme.

Al acercarme comprendí que si nos hubiéramos quedado a bordo del barco, seguramente todos hubiéramos sobrevivido y no me encontraría tan solo y desgraciado como me hallaba. Cuando finalmente me lancé al Agua y nadé hasta el barco, descubrí que había mucha agua en la bodega. Pero por suerte la mayoría de las provisiones estaban secas e intactas.

No tardé en conseguir pan y galletas, de los que comí ávidamente. También encontré una botella de ron en el camarote del capitán, de la que bebí varios tragos.

Con cuatro palos y un par de mástiles de repuesto, armé el armazón de una balsa improvisada, al que le atravesé varias tablas. Cuando terminé de construirla, comprobé que era lo suficientemente resistente para soportar un peso razonable y comencé a cargarla.

Primero la cargué con alimentos, incluyendo pan, arroz, tres quesos holandeses, cinco pedazos de carne seca de cabra, granos, algo de cebada y trigo y varias botellas de ron y vino que habían pertenecido al capitán. También conseguí ropa, herramientas, dos pistolas y dos escopetas, dos barriles de pólvora, una bolsa de municiones y dos viejas espadas. Puse todo en la balsa y sin perder tiempo, tomé dos remos rotos que pertenecían al barco y me lancé al mar.

Traté de controlar la balsa lo mejor que pude y, aunque estuve a punto de sufrir un segundo naufragio, finalmente llegué a la playa con mi preciado cargamento.

Armado con una escopeta y una pistola, subí a una alta colina que antes había visto a menos de una milla de donde me hallaba. Cuando llegué a la cima y miré a mi alrededor, comprobé que me hallaba en una pequeña isla, rodeada por el vasto mar, sin más tierra a la vista que unas rocas a gran distancia y dos islas, aún más pequeñas, como a tres leguas hacia el oeste. También descubrí que la isla parecía estéril y posiblemente deshabitada, aunque había muchas aves de diferentes especies, posiblemente algunas comestibles.

Después de guardar mi cargamento en un lugar seguro, cerca de la orilla, regresé al barco en busca de otras cosas que pudieran serme útiles. En el camarote del carpintero, encontré varias bolsas de clavos y varias herramientas, incluyendo varias hachas, un gran destornillador y un yunque.

Además conseguí varios arpones de hierro, dos barriles de balas de mosquete, siete mosquetes, otra escopeta para cazar y varios cuernos de pólvora.

Aparte de estas cosas, también cogí toda la ropa que pude encontrar, una vela de repuesto, un par de colchones y una hamaca.

Después de llevar a tierra mi segundo cargamento, dediqué el resto del día a construir una pequeña tienda con la vela y varios palos del barco.

En su interior guardé todo lo que podía estropearse con la lluvia o el sol y también coloqué los colchones.

Después de bloquear por dentro la entrada de la tienda con unos tablones, me acosté y armado con dos pistolas y con una escopeta al alcance de mi brazo, dormí tranquilamente durante la segunda noche,

Durante el siguiente par de semanas me dediqué a sacar del barco todo lo que pude.

Sin embargo, al terminar la segunda semana hubo otra gran tormenta y me vi forzado a encerrarme en la tienda.

Curiosamente, cuando al fin se calmaron los vientos y abandoné mi resguardo, miré hacia el mar y para mi sorpresa ¡vi que el barco había desaparecido!

Para evitar perder la noción del tiempo, clavé un poste en la playa en el que grabé con letras mayúsculas la siguiente inscripción:

«Aquí llegué a tierra el 30 de septiembre de 1659».

Cada día, hacía una incisión en el poste con mi cuchillo y cada siete incisiones hacía una más grande para indicar el inicio de cada semana. Del mismo modo, marcaba el inicio de cada mes.

Y así pude registrar el paso de los días, las semanas, los meses y también los años que transcurrieron desde mi trágica llegada.

¡Jamás imaginé que pasaría tanto tiempo en aquella isla desierta!

Para mi desgracia, según mis cálculos, cuando finalmente logré abandonarla ¡había transcurrido veintiocho años, dos meses y diecinueve días!

4-ORGULLO Y PREJUICIO

Jane Austen (1775-1817)

ES UNA VERDAD UNIVERSAL que un hombre soltero con una gran fortuna debe buscar esposa.

Esta verdad es tan común entre la gente, que cada vez que un soltero rico se muda a un pueblo, siempre aparece algún vecino que pretende reclamarlo para su hija, como si ya le perteneciera, a pesar de tratarse de un completo desconocido.

–¡Querido mío! –le dijo un día la señora Bennet a su esposo–, ¿sabías que finalmente rentaron la casa de Netherfield?

El señor Bennet contestó que no.

–Pues así es –agregó ella–; acabo de hablar con la señora Long y ella me lo contó todo...

El señor Bennet hizo ningún comentario.

–¿No quieres saber quién rentó la casa, querido? – preguntó la señora con impaciencia.

–Si quieres puedes contármelo. No tengo problemas en escucharte...

Esta invitación fue suficiente para su esposa.

—Pues, querido mío, la señora Long acaba de decirme que el lunes un hombre joven y muy rico vino del norte de Inglaterra y vio la propiedad. Llegó en un lujoso carruaje tirado por cuatro corceles y le gustó tanto el lugar que inmediatamente llegó a un acuerdo con el señor Morris. Se mudará a finales de este mes, pero algunos de sus criados llegarán semana que viene.

—¿Cuál es su apellido?

—Bingley.

—¿Y es casado o soltero?

—¡Es soltero, querido! Y además posee una fortuna de cuatro o cinco mil libras al año. ¡Es una gran noticia para nuestras hijas!

—¿Por qué habría de interesarles?

—¡Ay, querido! —exclamó su esposa—, ¿cómo puedes ser tan ingenuo? ¡Yo ya estoy pensando en casarlo con una de nuestras hijas!

nieve

—¿Crees que ese señor lo tenga en sus planes?

—¿En sus planes? Tonterías, ¿cómo podría? Pero es muy posible que él se llegue a enamorar de una de nuestras muchachas. Y por eso pienso que debes ir a visitarlo apenas llegue al pueblo.

—No veo razón para ir a verlo. Pero si quieres, tú puedes ir a conocerlo con ellas. Aunque, pensándolo bien, prefiero que ellas vayan solas. Como eres tan bella, no me gustaría que el señor Bingley se fijara en ti y te prefiera en vez de a ellas...

—¡Oh, querido, me halagas con tus palabras! Es verdad alguna vez fui joven y hermosa, pero ya no soy la misma. Cuando una mujer como yo tiene cinco hijas grandes, deja de pensar en su propia belleza. Sólo te pido que por favor visites al señor Bingley cuando llegue....

—Eso es más de lo que puedo prometer...

—¡Pero piensa en tus hijas! ¡El señor Bingley podría llegar a ser un excelente esposo para cualquiera de ellas! Ya Sir Willam y lady Lucas decidieron que irán a verlo apenas llegue, con el mismo propósito. Ellos también quieren casar a su hija y quieren ser los primeros en ofrecerle sus respetos. Como sabes, ellos generalmente no visitan a los nuevos vecinos. ¡Y ninguna de nosotras irá a verlo a menos que tú vayas primero!

BINGLEY LLEGA AL PUEBLO

Cuando al fin el señor Bingley se mudó al pueblo, uno de los primeros en visitarlo fue el señor Bennet.

Aunque siempre le dijo a su esposa que no iría a verlo, Bennet decidió ir en secreto y conocer al recién llegado poco después de su llegada. Prefirió no decirle nada a nadie hasta después de su visita.

Al regresar a su casa, esa misma tarde, le dijo lo que había hecho a su esposa e hijas y todas se alegraron.

−¡Querido mío! −exclamó la señora Bennet llena de felicidad− ¡Qué bueno eres! Yo sabía que al final irías a verlo… ¡Estoy tan contenta! ¡Y qué broma tan graciosa nos jugaste! ¡Fuiste a verlo sin decirnos nada!

El señor Benner tuvo que marcharse y apenas se quedó sola su esposa con sus hijas, todas hicieron un sinfín de conjeturas acerca del señor Bingley. Se preguntaban si aquel soltero pronto devolvería la visita y pensaron en mil maneras de invitarlo a cenar.

Durante los siguientes días, por más que ellas le hicieron preguntas al señor Bennet, él no dijo nada sobre su visita. No hubo manera de sacarle alguna información sobre el recién llegado. Ellas lo intentaron de mil maneras, hicieron todo tipo de preguntas, comentarios e indirectas. Pero por más hábiles que fueron, él nada les dijo…

Y así, la señora se vio obligada a buscar información fuera de casa y fue a hablar con su vecina, lady Lucas, quien también acababa de conocerlo.

LO QUE DIJO LA LADY

La impresión de lady Lucas fue muy favorable. Su esposo, sir William, había quedado encantado con él.

Era un hombre joven, muy guapo, extremadamente agradable y pensaba asistir al próximo baile con un grupo de amigos.

¡Para la señora Bennet y sus hijas aquellas noticias no podían ser mejores! Ellas se asegurarían de asistir también al mismo baile y de ese modo posiblemente el joven se enamoraría de una de ellas. Y así, en sus corazones creció la esperanza de conquistar el corazón del señor Bingley.

–¿Sabes, querido? –le dijo la señora Bennet a su marido esa noche– ¡Lo que más quiero en la vida es ver a una de nuestras hijas felizmente casada! Ah, por supuesto, ¡y a las otras cuatro también!

UNA VISITA INESPERADA

Pocos días después, el señor Bingley se presentó en casa del señor Bennet para devolverle la visita. Sólo se quedó durante diez minutos y no tuvo la oportunidad de conocer a sus hijas, de cuya belleza ya había escuchado hablar. Lamentablemente, ellas habían salido con su madre.

Y aunque poco después le enviaron una invitación para cenar, Bingley tuvo que viajar a Londres y no pudo aceptarla. La señora Bennet estaba desconcertada. Pero lady Lucas le explicó que había ido a Londres a buscar un grupo de amigos que asistirían a la fiesta. Pronto corrió el rumor de que Bingley llevaría al baile a doce damas y siete caballeros londinenses. Pero, el día antes del baile, todos se enteraron que en vez de doce damas sólo irían seis: cinco hermanas y una prima.

LA NOCHE DEL BAILE

Finalmente llegó el día del baile y todo el pueblo quedó encantado con la presencia del soltero rico, aunque sólo fueron cinco en total: el señor Bingley, sus dos hermanas, el marido de la mayor y otro joven. Y también finalmente, la señora Bennet y sus hijas pudieron ver al señor Bingley y sus amigos en persona.

Era un hombre apuesto, con aire de caballero, bien parecido y de finos modales. Sus hermanas eran mujeres hermosas y de mucha elegancia. Su cuñado, el señor Hurst, también era bien parecido aunque no tenía

aspecto de caballero. Y el joven que les acompañaba, el señor Darcy, era un hombre alto y muy apuesto, de porte aristocrático. Sin embargo, resultó ser un londinense creído y orgulloso. Parecía que no le gustaba mucho la fiesta y que el lugar no estaba a su altura, creyéndose mejor que los demás.

El señor Bingley, por el contrario, demostró ser un hombre muy agradable y pronto se convirtió en la sensación de la noche. Hizo amistad con casi todos en el salón y no se perdió ni un solo baile. Y al terminar la fiesta se lamentó que hubiera terminado tan temprano. Entonces anunció que en pocos días él también daría una gran fiesta en Netherfield y que todos los presentes estaban invitados. ¡Qué diferencia entre Bingley y su joven amigo!

Aquella noche, todos quedaron encantados con el soltero rico que se mudó a la ciudad. Tanto así, que no sólo el señor y la señora Bennet, sino también todos los padres de las jóvenes solteras que estaban en la fiesta sintieron deseos de verlas casarlas con él.

Y así quedó evidenciada, una vez más, la vieja verdad universal que establece que cuando un soltero rico se muda a un pueblo, hay familias que enseguida pretenden casarlo con alguna de sus hijas, y actúan como si él ya les perteneciera… a pesar de ser un perfecto desconocido….

5-LA ESTATUA DE BRONCE

J. V. Camacho (1829-1872)

ALBERTO ERA UN JOVEN aristócrata perteneciente a una de las familias más distinguidas de la sociedad. Era alto y delgado, con ojos penetrantes y un hermoso rostro, digno de los dioses del Olimpo.

Como buen amante de las artes y las ciencias, su espaciosa biblioteca estaba invadida de diferentes libros, mapas geográficos, instrumentos musicales, pinceles, paletas, esqueletos humanos, trozos de mármol y diversas aves disecadas.

También había varias estatuas de yeso, madera y mármol, algunas comenzadas y otras un poco más avanzadas… pero sólo una estaba terminada: una impresionante estatua de bronce de la diosa Venus, la hermosa protectora del amor.

La diosa de bronce estaba ligeramente inclinada hacia adelante; con un brazo extendido y el otro cubriendo uno de sus senos.

Era tan perfecta y tentadora, que Alberto cayó víctima de sus irresistibles encantos. Pasaba horas admirando a su obra maestra, le dedicaba poemas y canciones, le contaba

Confidences

sus intimidades, le llevaba flores y, en ocasiones, la abrazaba con pasión.

LA LOCURA DE ALBERTO

Una noche, mientras que el joven le hablaba a la diosa, a él le ´pareció verla respira y agitar sus labios como si murmurara una oración. Entonces el sorprendido joven cayó de rodillas y, derramando sus lágrimas, exclamó:

Spill / pour
shed.

Yo te adoro ángel nacido

de las espumas del mar;

lovingly has
yo amoroso te he erigido

en mi corazón tu altar.

Esa noche, cegado por la locura, Alberto le juró amor eterno a su diosa metálica y, tomando un valioso anillo de diamante que había pertenecido a su querida madre, lo deslizó en uno de los dedos de bronce de su amada.

Momentos después de jurarle amor eterno, los labios ardientes del joven sellaron aquella extraña unión con un largo y sensual beso plantado sobre los helados labios de la silente Venus.

LA CURA DE LA LOCURA

Su familia pronto comprendió que el joven Alberto había perdido la cordura y que sólo un especialista lograría sacarlo de su estado.

Aunque ellos, aunque en un acto de desesperación hicieron todo lo posible por curar su locura e incluso contrataron a los mejores médicos del país, todos sus esfuerzos fueron en vano. Nadie lograba curarlo.

Alberto seguía enamorado de la estatua de bronce y le demostraba su amor a toda hora, por lo que permanecía cada vez más tiempo encerrado en su estudio con su inerte enamorada.

Un día, sus desesperados padres decidieron alejarlo de la Venus enviándolo de viaje en compañía de uno de sus más queridos amigos del colegio.

Durante los siguientes meses, Alberto y su amigo se dedicaron a visitar lejanos países y a divertirse a lo grande.

Por suerte, con el tiempo los placeres del viaje y las aventuras que ambos vivieron en el extranjero terminaron mejorando la salud mental del joven aristócrata.

Un año después de su partida, Alberto regresó a casa.

Sus padres lo recibieron con lágrimas de alegría y le informaron que habían había arreglado su unión con una rica y hermosa joven, quien sólo esperaba su regreso para celebrar el matrimonio.

-Haré lo que ustedes decidan, padres míos -contestó Alberto, abrazándolos con alegría.

UN MATRIMONIO INOLVIDABLE

Poco después, Alberto conoció a su novia. Era una bella joven, perteneciente a una familia rica, seleccionada con cuidado por sus padres. En pocos días la boda fue celebrada.

La noche de la gran fiesta, los salones de la mansión se llenaron de música y de la risa alegre de los invitados. Todos celebraron el regreso del joven con suma excitación, entregados al placer seductor del vino. Sus amigos lo felicitaron, brindando con él y dándole numerosos abrazos y apretones de mano.

Alberto era feliz.

La fiesta terminó justo a medianoche.

Todos se marcharon, los padres del joven se acostaron y los novios decidieron continuar celebrando...

La novia, sacando un valioso anillo de su equipaje, lo colocó en los dedos de su esposo... Cuando él lo vio, en ese mismo instante, recordó el viejo anillo de diamante de su madre... sí, el viejo anillo que desde hacía más de un año llevaba uno de los dedos de la Venus de bronce...

SORPRESA A MEDIANOCHE

Minutos después, Alberto entró con su esposa al enorme estudio y ambos se acercaron a la magnífica Venus que estaba en medio de la habitación. En su brazo extendido brillaba el diamante del viejo anillo de su madre.

El joven se acercó y trató de sacar el anillo pero le fue imposible. Para su sorpresa, sintió que en aquel momento la Venus apretó sus dedos fríos para no dejarse arrancar la valiosa joya.

Al ver lo que sucedía, un sudor helado corrió por la frente de la joven esposa.

Ella, sin decir una palabra, se acercó nerviosamente a la estatua para quitarle el anillo. Pero en ese momento la diosa metálica extendió sus dos brazos y abrazó a la recién casada con toda su fuerza, ahogándola mortalmente en ese mismo instante.

La pobre joven expiró tranquilamente, sin tener tiempo de reaccionar.

Alberto lanzó un terrible grito, sintiendo que su alma se partía en dos, y entonces escuchó una terrible voz metálica recitando estas palabras con suma claridad:

Yo te adoro ángel nacido,

de las espumas del mar;

yo amoroso te he erigido

en mi corazón tu altar.

Cuentan que en ese momento el joven viudo, arrancando sus cabellos con desesperación, cayó de rodillas y lanzó un horrible alarido que sacudió la noche…

Alberto estaba loco.

6-EL ARTE DE LA GUERRA

Sun Tzu (Sixth century BC)

LA GUERRA ES lo más importante para todo Estado. Es el territorio de la vida y de la muerte, el camino que lleva a la supervivencia o a la aniquilación.

No debemos ignorar su arte.

La guerra se basa en cinco factores que siempre debemos considerar para poder conocer el estado de nuestras fuerzas y las fuerzas de nuestro enemigo:

El primer factor es la virtud; el segundo es el clima; el tercero es la geografía; el cuarto es el mando; y el quinto es la disciplina.

SOBRE LOS CINCO FACTORES

El Maestro Sun dijo:

La virtud permite la unión entre las autoridades y el pueblo, permitiendo que todos luchen unidos por sus vidas y sin temor a la muerte.

El clima determina la alternancia de la oscuridad y la claridad, del calor y el frío, así como la rotación de las estaciones.

La geografía señala la cercanía o lejanía del terreno, su accesibilidad o no, su amplitud o pequeñez, su naturaleza benéfica o mortal.

El mando depende del conocimiento, de la credibilidad, de lo humano, de la determinación y de la severidad.

La disciplina permite que la organización sea efectiva, así como la jerarquía de mandos y la logística.

Ningún general desconoce los cinco factores en los que se basa la guerra. Pero sólo quienes logran dominarlos consiguen la victoria, mientras que quienes no logran dominarlos sólo consiguen la derrota…

De este modo, gracias a estos cinco factores es posible determinar el estado de fuerzas presente en toda guerra.

SOBRE EL ENEMIGO

El Maestro Sun dijo:

La guerra es el arte del engaño. Basado en esto, si eres

arable.

capaz, pretende incapacidad; si estás preparado para entrar en combate, pretende no estarlo; si te encuentras cerca, pretende estar lejos; si te encuentras lejos, pretende estar cerca. Si el enemigo busca riquezas, sobórnalo. *bribe* Si está confundido, sedúcelo. Si es fuerte, prepárate. Si es demasiado poderoso, evítalo. Si está enfadado, provócalo. Si es humilde, haz que sea arrogante. Si está tranquilo, oblígalo a moverse. Si está unido, divídelo. Lánzate sobre él cuando no esté preparado. Atácalo cuando menos se lo espere. Estas fórmulas le aseguran la victoria a los estrategas, aunque nada puede asegurarse de antemano.

La victoria solamente es segura cuando la mayoría de los cinco factores resultan favorables. Pero si sólo unos pocos factores son favorables, la victoria resultará imposible.

De este modo, quien tenga más factores favorables triunfará y quien tenga menos será derrotado. ¡Qué decir entonces de quien no logre reunir ninguno! Una vez calculados estos factores, el resultado del combate será evidente.

SOBRE LAS OPERACIONES MILITARES

El Maestro Sun dijo:

Si las operaciones militares se prolongan y el triunfo demora en llegar, la eficacia de las armas se desgasta y la voluntad de las tropas declina; si las fuerzas de los soldados se desgastan atacando fortificaciones y el combate se prolonga demasiado, los recursos del país serán insuficientes.

El desgaste de las armas, la falta de emoción en las tropas, el cansancio y la falta de recursos permiten que el enemigo aproveche el momento para atacar. Y en ese caso, ningún estratega, por más hábil que sea, podrá evitar la derrota…

Ningún país se ha beneficiado de una guerra prolongada. Y quien no conoce los riesgos de las acciones militares jamás podrá disfrutar de sus ventajas….

Las fuerzas se desgastan, las riquezas se agotan y las familias se arruinan… Por esto, el buen estratega se alimenta de su adversario, sabiendo que cada carga de alimentos arrebatada al enemigo equivale a veinte de las suyas… *snatch*

SOBRE LOS PLANES DE ATAQUE

El Maestro Sun dijo:

En la guerra lo mejor es atacar los planes del enemigo; luego, atacar a sus aliados; después atacar sus tropas y finalmente atacar sus bases y fortificaciones…

La norma en el arte de la guerra consiste en cercar al enemigo si la superioridad de que se dispone es de diez contra uno; en atacar al enemigo si la superioridad es de cinco contra uno; y en dividir al enemigo si la superioridad solamente es de dos contra uno.

Si ambas fuerzas son iguales, procura mantener el combate.

Pero si el enemigo supera tus fuerzas, debes resistir o retirarte.

Si tu ejército es inferior al de tu enemigo procura resistir. Y si es superior procura capturar a tu enemigo.

LOS PRINCIPIOS DE SABER VENCER

El Maestro Sun dijo:

La columna central del Estado son sus generales. Si esta columna es fuerte, el ejército será poderoso y sabrá vencer. Pero si es débil, entonces su fuerza será débil y no sabrá cómo vencer. Concure

Cinco son los principios de saber vencer:

Resultará vencedor quien sepa cuándo combatir y cuándo no.

Resultará vencedor quien sepa dirigir tanto un grupo reducido de hombres como un gran número de ellos.

Resultará vencedor quien sea capaz de unificar la voluntad de superiores e inferiores.

Resultará vencedor quien afronte preparado un enemigo que no lo esté.

Resultará vencedor quien disponga de un estratega competente y de un soberano que no interfiera en los asuntos militares.

En estos cinco principios reside el método del saber vencer.

Por esto se dice:

Quien conoce al enemigo y se conoce a sí mismo sostiene cien combates sin peligro.

Quien conoce al enemigo pero no se conoce a sí mismo a veces triunfa y a veces pierde.

Quien no conoce al enemigo ni se conoce a sí mismo siempre será derrotado.

SOBRE LA INVENCIBILIDAD

El Maestro Sun dijo:

Los buenos estrategas de la antigüedad primero se hacían invencibles y luego esperaban que el enemigo se hiciera vulnerable.

La invencibilidad depende de uno mismo.

La vulnerabilidad depende del enemigo.

La invencibilidad depende de la defensa.

La vulnerabilidad depende del ataque.

Si las fuerzas son insuficientes se opta por la defensa.

Pero si las fuerzas le sobran se opta por el ataque…

LOS SERVICIOS DE ESPIONAJE

El Maestro Sun dijo:

Cinco son las clases de espías que pueden utilizarse:

Los agentes nativos.

Los agentes internos.

Los agentes dobles.

Los agentes sacrificables.

Y los agentes que deben ser conservados.

Cuando esas cinco clases de espías forman una red y ejercen su acción simultáneamente, sin que nadie conozca sus métodos secretos, se les denomina «la red incognoscible», la más preciada de todo gobernante.

Los agentes nativos son aquellos extranjeros que se pasan a nuestro servicio.

Los agentes internos son aquellos oficiales del enemigo que se pasan a nuestro servicio.

Los agentes dobles son aquellos agentes que pertenecen a los servicios de espionaje del enemigo y que luego se pasan a nuestro servicio.

Los agentes sacrificables son aquellos agentes a quienes se les entregan datos falsos para que los transmitan a los servicios secretos del enemigo.

Y los agentes a conservar son aquellos que regresan del territorio enemigo con información valiosa.

En las operaciones militares, nadie debe estar más cerca del mando que los espías; nadie debe ser mejor recompensado que los espías; y nadie debe tener más acceso a los asuntos secretos que los espías.

Quien no sea sabio e inteligente, no debe servirse de espías.

Quien no sea humano y justo, no debe servirse de espías.

Y quien no sea discreto y sutil, jamás conocerá la

realidad sobre sus espías.

¡Discreción! ¡Discreción! Sólo con discreción podrás usar tus espías en cualquier lugar…

Pero si no existe discreción y al iniciar una misión secreta se divulgan rumores sobre los planes, entonces el espía debe ser aniquilado, así como todas las personas que han sido informados sobre los mismos.

Todo lo anterior es esencial y constituye la base del poderoso y milenario Arte de la Guerra.

La clave para hablar Español
de forma fluida y con seguridad
es practicar todos los días
con frases que entiendes pero
que te cuesta recordar

ABOUT THE AUTHOR

ÁLVARO PARRA PINTO is a literary author and journalist born in Caracas, Venezuela (1957). He is the editor of the South American publishing company EDICIONES DE LA PARRA and has published several of his books in Kindle format, including his bestselling series SELECTED READINGS IN EASY SPANISH. Especially designed for the intermediate language student, each volume of this series is written in simple, easy Spanish.

AMAZON AUTHOR PAGE:
http://amazon.com/author/alvaroparrapinto

Contact the Author:
ineasyspanish@gmail.com

Twitter Account:
@ineasyspanish

Published by: Ediciones De La Parra
http://www.edicionesdelaparra.com

Copyright © Alvaro Parra Pinto 2012. All Rights Reserved.

THANK YOU!

**Ediciones
De La Parra**

Thanks a lot for reading this book!

Our main goal is to help intermediate-level readers like you, by providing simple, selected readings in easy Spanish at low prices!

If you liked this product, please give us a minute and leave your review in Amazon:

PLEASE LEAVE YOUR REVIEW!

AND CHECK OUT THE REST OF THE VOLUMES OF THE SPANISH LITE SERIES!

SPANISH LITE SERIES: VOL. 1

*The Three Musketeers by Alexandre Dumas
*Tarzan Of The Apes by Edgar Rice Burroughs
*The Metamorphosis by Franz Kafka
*Five Weeks In A Balloon by Julius Verne.
*Wuthering Heights by Emily Brontë
*Frankenstein by Mary Shelley

SPANISH LITE SERIES: VOL. 2

*Dracula by Bram Stoker
*The Miserables by Victor Hugo.
*Don Quixote by Miguel de Cervantes
*Gulliver´s Travels by Jonathan Swift
*A Study in Scarlett by Sir Arthur Conan Doyle
*Jane Eyre by Charlotte Brontë

SPANISH LITE SERIES: VOL. 3

*Arabian Nights (Anonymous)
*The Jungle Book by Rudyard Kipling
*David Copperfield by Charles Dickens
*From The Earth To The Moon by Jules Verne
*Treasure Island by Robert Louis Stevenson
*The Origin of Species by Charles Darwin

SPANISH LITE SERIES: VOL. 4

*The Wise King by Khalil Gibran
*After Twenty Years by O Henry.
*Robinson Crusoe by Daniel Defoe
*Pride and Prejudice by Jane Austen
*The Bronze Statue by Juan Vicente Camacho
*The Art of War by Sun Tzu

SPANISH LITE SERIES: VOL. 5

*Journey To The Center Of The Earth by Jules Verne
*Aladdin´s Lamp (Anonymous)
*The Adventures of Tom Sawyer by Mark Twain
*Sandokan, The Malaysian Tiger by Emilio Salgari
*War and Peace by Leon Tolstoi
*The History of Herodotus by Herodotus

SPANISH LITE SERIES: VOL. 6

*20.000 Leagues Under The Sea by Jules Verne
*Conan The Barbarian by Robert E. Howard
*The Lost World by Sir Arthur Conan Doyle
*The Travels of Marco Polo by Marco Polo
*The Tortoise and The Hare by Aesop
*The Prince and The Pauper by Mark Twain

SPANISH LITE SERIES: VOL. 7

This volume includes a selection from the following best-sellers:
*A Connecticut Yankee in King Arthur´s Court by Mark Twain.
*The Hunchback of Notre Dame by Victor Hugo
Plus the COMPLETE & CONDENSED EDITION of:
*The Picture of Dorian Gray by Oscar Wilde

SPANISH LITE SERIES: VOL. 8

This volume includes the COMPLETE AND CONDENSED
EDITIONS of three famous TALES OF HORROR:
*The Dead Woman by Guy de Maupassant
*The Black Cat by Edgar Allan Poe
Plus the 1886 bestselling novel that shook the world:
*Dr. Jekyll and Mr. Hyde by Robert Louis Stevenson

SPANISH LITE SERIES: VOL. 9

*Robin Hood (anonymous)
*Mysterious Island by Jules Verne
*Africa by David Livingstone
*Madame Bovary by Gustave Flaubert
*The Trial by Franz Kafka
*The King´s Dream by Herodotus

SPANISH LITE SERIES: VOL. 10

This volume includes the COMPLETE AND CONDENSED
VERSIONS of three famous VAMPIRE STORIES:
*Vampirette by E. T. A. Hoffmann.
*The Dead Lover by Théophile Gautier.
Plus the bestselling vampire novel:
*Dracula by Bram Stoker.

Ediciones
De La Parra

Selected Readings in Easy Spanish is especially made for intermediate language students like you. Compiled, translated and edited by the Venezuelan bilingual journalist and literary author Alvaro Parra Pinto, editor of *Ediciones De La Parra.*

AMAZON AUTHOR PAGE:
http://amazon.com/author/alvaroparrapinto

CONTACT THE AUTHOR:
ineasyspanish@gmail.com

@ineasyspanish

PUBLISHED BY: EDICIONES DE LA PARRA
http://edicionesdelaparra.com

BRYN GWILLYM.

07891 878571

24th May.

SA66 7QG
LLANDISSILIO
CLYNDERWEN

Style.

tengo que er echando
leche

Darse una leche.

me he dado ya dos leches
ponerse/estar de mala l
me pongo de mala leche.

Ser la leche.
Tu eres la leche.

21991338R00042

Printed in Poland
by Amazon Fulfillment
Poland Sp. z o.o., Wrocław